Cuento los peces

Revisar los dat

Corina Jeffries

COMPUTACIÓN CIENTÍFICA EN EL MUNDO REAL™

Rosen Classroom™

Voy de excursión al acuario con mi clase. En el acuario se ven muchos animales marinos.

La maestra nos entrega un cuaderno a cada uno. "Lleven la cuenta de los animales que vean", nos dice.

Recorro el acuario. Observo diferentes clases de animales marinos.

Voy contándolos por grupos.
Veo 4 medusas.

Ahora veo 5 estrellas de mar.
¡No parecen peces en absoluto!

Veo un pulpo. ¡Qué animal más fantástico! ¡Tiene 8 brazos!

Por fin veo 9 peces amarillos.
Se llaman peces mariposa.

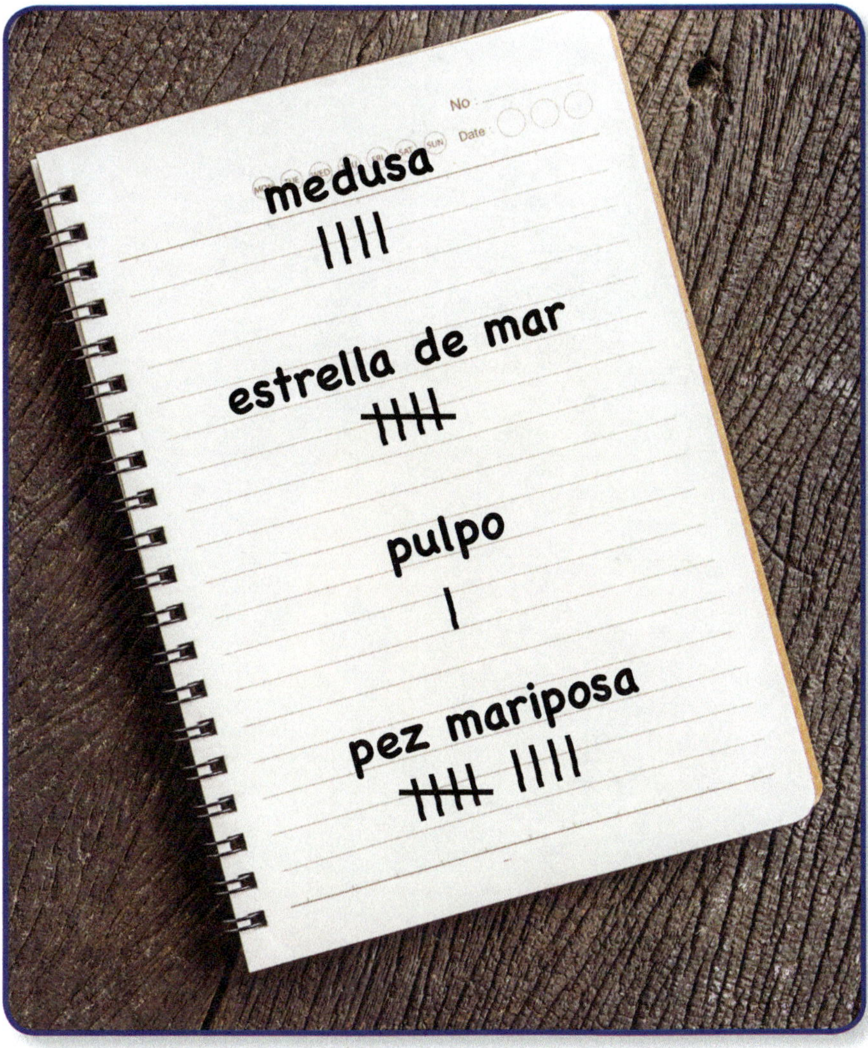

"¿Qué animal marino viste con más frecuencia?", me pregunta mi maestra. Miro mi cuaderno.

Hice una marca por cada animal. Hay 9 marcas de peces mariposa; los que más vi.

Puedo aprender mucho analizando las marcas que hice. ¿Qué animal vi menos?

Palabras que debes aprender

(el) pez mariposa

(la) medusa

(el) pulpo

(la) estrella de mar